服育ナビ！

監修　有吉直美
（服育 net 研究所）

① スタート編

はじめに

　みなさんにとって、服って何でしょうか？　服はおしゃれするためのものという人もいれば、特に考えたことない、なんでもいいから着ておけばOKなんていう人もいるでしょう。毎日かならず着る服はあたりまえの存在すぎて、あらためて服のことを考えることなんてないかもしれません。でも実は気がつかないだけで、服はわたしたちの生活に大きな影響を及ぼしています。服の着方で印象が変わったり、服の選び方で快適性や安全性が変化したりします。さらには、服の買い方でグローバルな環境問題や労働問題にまでかかわったり。服はみなさんと世界とをつなぐ入口であり、みなさんとほかの人とをつなぐ架け橋なのです。さあ、『服育ナビ！』で、服から見えてくる新しい世界を発見してください！

服育net研究所：有吉直美

服育net研究所って？

服育net研究所は、服育を多くの人に広めるための活動をする機関です。ホームページでは、じっさいにおこなわれた服育に関するセミナーのレポート記事や、動画、クロスワードなどの学習に役立つ資料をたくさん紹介しています。服育のことをもっと学びたい人はホームページを見てみましょう。

（URL　https://www.fukuiku.net）

監修 有吉直美（ありよしなおみ）

大阪教育大学において美術教育を専攻。イギリスへの留学後、株式会社チクマに入社。学校制服を扱うキャンパス事業部で服育の立ち上げに携わる。現在は服育のさらなる発展を目指す服育net研究所に所属し、学びツールの開発やイベント企画等、服育の研究と普及に力を注いでいる。

セミナー講師の先生

木村照夫（きむらてるお）

1950年4月京都市生まれ。1978年同志社大学大学院博士後期課程単位取得。退学後、福井大学、京都工芸繊維大学で教育・研究に従事。2016年3月定年退職。専門は機械工学。（一社）日本繊維機械学会名誉会員、繊維リサイクル技術研究会委員長。京都工芸繊維大学名誉教授。工学博士。

登場人物

ふみや　　くみこ　　いずみ　　くにひこ

もくじ

服育を知ろう！

今日は学校の「服育教室」の日。「服育」とは、どんなことを学ぶものなのでしょうか。

わたしは
おしゃれのためだと
思います！
自分をすてきに
見せたいもん！

うーん……。
みんなが着て
るから……？

あ！　服を着ないと
恥ずかしいから！

自分の身を
守るため？

ザワ

あせを吸い取る
ため……？

いろいろな答えが出てきて楽しいですね。
わたしは、服を着る理由は大きく分けて
４つあると思います。

天候や気温、
活動に合わせて
快適に過ごすため

事故やけがから
自分を守るため

所属や役割を
あらわすため

おしゃれを
楽しむため

服というと、おしゃれを楽しむことをイメージ
する人が多いかもしれません。おしゃれのため
に服を選ぶのは楽しいですよね！

かわいい柄！

好きな色！

でも、おしゃれのためだけでなく、時と
場所と場合、つまりTPOに合わせて服
を選ぶことがとても大切なんです！

たとえば、みなさんが
体育で着る体育着や、
給食着は、TPOに
合わせた服ですね。

Time　時（いつ）
Place　場所（どこで）
Occasion　場合（どんな場面で）

それから、仕事の内容によってもふさわしい服はちがいますよね。

みなさんは将来、どんな職業につきたいですか？

わたしはキャビンアテンダントです……。

おお！ すてきな夢ですね！

じゃあ、キャビンアテンダントの制服にはどんなイメージがありますか？

22

23

キリッとしてて、清潔感があって、頼りになるイメージです！

そうですね。キャビンアテンダントの仕事は、飛行機の中でお客さんが安全、安心に過ごせるようにサポートする仕事ですものね。

お客さんに信頼してもらえるように、制服がメッセージを発信しているんですね。

メッセージ？

24

25

26

そう、みなさんが着ている服も、まわりの人にさまざまなメッセージを発信しているんですよ！

まず、セミナー1では、服が発信しているメッセージについてお話しします。人と人とがいっしょに生活していく中で、服がどのような役割をはたすのか、考えてみましょう。

はーい

27

28

セミナー1 コミュニケーション編

服の着方と印象の関係を学ぼう！

セミナー1では、有吉先生が、服がコミュニケーションにどう影響するかについて説明してくれます。

1 みなさん、このふたりの写真を見てください！

2 ふたりの服装は、いつ、どんなときの服装だと思いますか？

3 思いつくまま答えてみてね。

4
- 明るい色の服なので、春だと思います。
- 親せきの家に行くときの服装みたい！
- ちゃんとしたかっこうだし、お出かけなのかな？
- ブレザーを着てるし、くつも皮ぐつだし、特別なところに行くのかもね。

5 みなさん、いろいろなことを思いうかべましたね。つまり、それがふたりの服から、メッセージを受け取っているということなのです。

6 どんな服を、どんな着方で着ると、どういうメッセージが伝わるのか見ていきましょう。

8

服と第一印象の関係を知ろう!

仕事場での服装に関するアンケート

相手の服装で<u>よい印象</u>を
受けたことはありますか?

ない 12%

ある 88%

相手の服装で<u>悪い印象</u>を
受けたことはありますか?

ない 31%

ある 69%

対象：20代～60代男女158名（2014年調査）

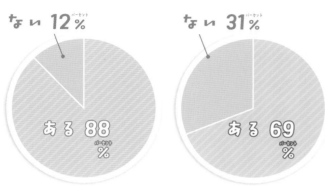

人は、はじめて会う人の第一印象を、わずか数秒で判断するといわれています。服のよごれが目立っていたり、しわのよった服を着たりしていると、だらしない印象をあたえてしまいます。清潔感のある着方を意識して、よい印象をあたえるようにしましょう。

「清潔感」のポイントは、よごれと
しわに気をつけること！

「第一印象」とは、はじめて会った人から受ける印象のことです。おとなになって仕事をするようになると、相手にあたえる印象は、さらに大切なものになります。左のグラフを見ると、服装によって相手の印象を判断している人がとても多いことがわかります。よい印象を相手にあたえるために、その日に着る服を選ぶことが大切です。

仕事では、人との信頼関係が特に大切です。よい印象を持ってもらうためには、服の選び方にも気を配る必要があります。

この人は信頼
できそうだ。

コラム <u>服はコミュニケーションの道具にもなる！</u>

服は話すことができませんが、いつもおたがいにメッセージを発信し合っています。このような言葉を使わないコミュニケーションの方法を、「ノンバーバルコミュニケーション」といいます。言葉を使うコミュニケーション（バーバルコミュニケーション）とともに、自分の個性や性格を表現するひとつの手段となります。

おっ、あの
選手が好き
なんだ。

あっ、同じ
ユニフォー
ムだ。

服で自分を表現してみよう！

　服にはさまざまな色や柄や形があります。同じ人でも、選ぶ色や柄や形によって、まわりの人にちがう印象をあたえることができます。自分がどのように見られたいのか、また自分をどのように表現したいのかを考えて、服を選んでみましょう。着ている服が個性の表現となり、その人の印象につながるのです。

印象はどのように変化しますか？

Ⓐ　Ⓑ

もし、おとなっぽく、もの静かな性格を表現したいのであれば、Ⓐのように、ワンピースを着たり、紺や白などのシックな色を選んだりすると、落ち着いた印象をあたえることができます。いっぽう、元気で活発な性格を表現したいのであれば、Ⓑのように、ドット柄の服を着たり、ショートパンツをはいたりすると、その雰囲気が伝わりますね。

Ⓒ

Ⓓ

もし、明るく運動が大好きな性格であれば、Ⓒのように、Tシャツを重ね着したり、ぼうしをかぶったりすると、活動的な印象をあたえることができます。いっぽう、誠実でまじめな性格であれば、Ⓓのように、えりのあるポロシャツなどを着ると、しっかりしている印象をあたえます。このように、同じ人でも、着ている服装によって、伝わる印象は大きく変わるのです。

服をきちんと着てみよう！

服をきちんと着るために気をつけることがあります。 チェック！ を見て、自分が服をきちんと着ることができているか、確認してみましょう。

清潔そうな
印象……！

チェック！
ボタンをはずしすぎていないか

チェック！
虫食いやほつれがないか

何だかしっかりしたお兄さんっぽくて、頼りになりそう……！

チェック！
下着が見えていないか

チェック！
よごれたままにしていないか

チェック！
くつのかかとをふまずに、きちんとはいているか

チェック！
大きすぎず小さすぎず、ちょうどよいサイズの服を着ているか

チェック！
しわがよっていないか

もっとよい印象を持ってもらうには？

第一印象をよくするためには、服装だけでなく、髪型や姿勢、表情にも気を配りましょう。髪の毛を結んだり、背すじをのばして歩いたり、あいさつをするときに笑顔を心がけたりすることで、印象はさらによくなります。

セミナー1のまとめ

1 服の選び方や着こなしは第一印象を決める重要な要素のひとつ！

2 服はいつもメッセージを発信していて、着ている人がどんな人なのかを伝えている！

3 服で自分の個性を表現することもできる！

どんな服をどう着るかで、まわりの人に伝わるメッセージは変わってきます。自分をどう表現したいのか、何を伝えたいのかを考えて、服を選びましょう。

服を手がかりに環境学習をしてみよう！

セミナー2は、ゲスト講師の木村先生による、服と環境とのかかわりについてのお話です。

家庭から出された服の8割は そのままごみとして処理されている

　家庭から出される着なくなった服の多くは、そのままごみとして処理されています。再使用・再生利用される服は約2割しかありません。ごみを処理するためには、多くの費用とエネルギーが必要です。そして、焼却される際にはたくさんの二酸化炭素が排出されるのです。ごみとして処理される服を少しでもへらすためには、どうしたらよいでしょうか。

再使用・再生利用される服を増やすには？

わたし、いとこの
おさがりをよくもらうよ。

それは再使用、つまり
「リユース」だね！

　リユースとは、不要になったものをごみにせず、何度も使うことです。たとえば、自分が不要になったものを必要としている人にゆずると、まだ使えるものを捨てずに済みます。

ぼくはお母さんにいわれて、着られなくなった服を、お店の回収ボックスに入れたことがあるよ。

それは再生利用、つまり
「リサイクル」だね！

　リサイクルとは、使い終わったものをもう一度資源にもどして、新しい製品にすることです。服は資源として繊維にもどされ、軍手などに生まれ変わることができます。

13

もっとへらせる服のごみ

服を買うときに、環境のことを考えて買ってみましょう。リサイクルショップや古着屋では、一度使用された服が売られています。このような店を利用すると、服はまた新しい持ち主のもとで活やくすることができます。もしかしたら、質のよいものを安い値段で買うこともできるかもしれません。

着なくなった服は、回収に協力すれば、リユースやリサイクルすることができます。地域によっては、自治体が「古着」として回収していたり、購入した店の店頭で回収していたりする場合もあるので、調べてみましょう。

ほかにも、「リメイク」という方法で、着られなくなった服を別の形につくり変えることも、服を長く活用する方法のひとつです。たとえば、服の布を使ってバッグやヘアアクセサリーをつくったり、おとな用の服を子ども用の服につくり変えたりすることが「リメイク」です。服を使ってどんなリメイクができるか考えてみましょう。

着なくなった服の活用方法を考えることによって、服のごみはもっとへらすことができるのです。

フリーマーケットに参加してみよう！

もう着なくなった服がたくさんある場合は、地域で開催されているフリーマーケットなどに出してみましょう。多くの人に見てもらうことができるため、ほしいと思ってくれる人が見つかるかもしれません。おとなに相談してから参加するようにしましょう。

世界規模で起こっている服の大量生産・大量廃棄問題

大量に安く仕入れた材料で、同じ服をたくさん生産することによって、企業は安く売ることができています。

いっぽう、消費者のほうも、安い服が気軽に買えるため、気軽に捨てています。そして、企業はすべてを売り切れるわけではないので、大量にあまった服を廃棄しています。

今年買ったばかりだけど、あきちゃったからもう捨てよう。

そのような世界の流れが、地球の環境に悪影響をあたえています。服を生産するときや焼却するときなどには、たくさんのエネルギーや資源を消費します。さらに、二酸化炭素を大量に排出しているのです。

社会ではどんな取り組みがあるの?

企業の制服など、多くの服づくりを手がけてきた「株式会社チクマ」では、使用済みの制服を回収して、おもに自動車の内装材や断熱材、防音材などの材料としてリサイクルしています。

使用済みの服をリサイクルした反毛(左)とフェルト(右)

セミナー2のまとめ

1 服をごみとして処理することが多く、問題になっている。

2 服の大量生産・大量廃棄という、世界的な問題も起こっている。

3 着なくなった服をリユース(再使用)、リサイクル(再生利用)するための、さまざまな取り組みがある。

服の生産や廃棄の現状を知って、身近な環境問題のひとつとして、自分にできることを考えてみましょう。

セミナーを終えて……。

「服育教室」のセミナーを終えて、4人はどんなことを考えたのでしょうか。

服育にチャレンジ！

セミナーのあとは、グループに分かれてチーム学習をします。さらに深く服育を学んでいきましょう。

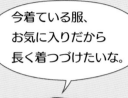

服の寿命をのばす 決め手はお手入れ!?

チーム・ふみや

1 今着ている服、お気に入りだから長く着つづけたいな。

2 上手にお手入れできたら、長く着つづけることができて環境にもいいみたいなんだけど、洗たくって自分でしたことないかも……。

3 わ、わたしもだ……。

わたし、いつもお母さんにやってもらってる。

4 よし！じゃあこのチームは服のお手入れの仕方を調べよう！

ぬいだらすぐにしたほうがよいお手入れって？

服は着ているうちに、さまざまなよごれや、しわがついてしまいます。よごれやしわはそのままにしておくと、落ちなくなってしまったり、生地がいたんでしまうことにつながります。長持ちさせるためにはしっかりお手入れをすることが大切です。

毎日洗うもの

Tシャツや下着、くつ下など直接はだにふれるものは、すぐに洗たくします。よごれを確認して、洗たく機で洗うか手洗いしましょう。

くつ下はうら返して洗う

よごれがついていないか確認

毎日洗わないもの

ジャケットやコートなど、服の上に着るものは、ハンガーにかけて、かんたんにほこりをはらってからしまいましょう。かけることで、しわの防止にもなります。

肩のラインを整える

肩はばに合ったサイズのハンガー

よごれがついていないか確認

ポケットの中身を取り出す

コラム 外にいるとき、服をよごしてしまったら？

よごれは放っておくとしみになります。でも、あわててこすって落とそうとすると、さらに広がり、しみこんでしまうかもしれません。よごれの下にハンカチやティッシュを置き、上から水でぬらしたハンカチなどでやさしくたたいて、よごれを移す応急処置をしましょう。家に帰ったら、洗たくをするかクリーニングに出しましょう。

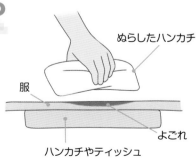

ぬらしたハンカチ

服

よごれ

ハンカチやティッシュ

洗たくのコツを知ろう!

洗たくをするときには、いくつかのコツがあります。洗たく機に入れる前に、自分でできるお手入れをしてみましょう。

 ## 予洗いをしよう!

洗たく機で洗たくをする前に、あらかじめ手で洗うことを「予洗い」といいます。どろや食べもののよごれは、一度洗たく機で洗うだけでは完全に落ちないことがあります。予洗いをすると、よごればかりでなく、洗たく機で洗うだけでは取れにくい、においも取ることができます。

よごれを水で手洗いして、取りのぞく

落ちにくいよごれは石けんや洗剤を使う

よごれのある部分をつまんで、こすり合わせるようにして洗おう!

 ## 洗たく機で洗う準備をしよう!

洗たく機はただスイッチを入れればいいわけではありません。準備をしっかりしないと、きれいにならなかったり、服の色がほかの服に移ってしまったりすることもあります。

① **ポケットの中を確認!**

ポケットの中にティッシュなどを入れたまま洗うと、こなごなになったごみが洗たくものについてしまいます。洗たくをする前に、ポケットの中に何も入っていないか確認しましょう。

② **色の濃いものは別にして!**

色の濃いものをほかのものといっしょに洗うと、色が移ってしまうことがあります。色の濃いものは、ほかのものと分けて洗うようにしましょう。

③ **洗たくネットを使おう!**

かざりのついた服や、ホックのついた服は、ほかの服にひっかかってきずつけてしまったり、かざりが取れてしまうことがあります。洗たくネットに入れて洗うようにしましょう。

 ## 洗い終わったらすぐにほそう!

洗たくが終わったあとは、洗たく機に入れたままにせず、すぐにほすようにしましょう。ぬれたまま服を置いておくと、服に雑菌が増えて、においの原因になるだけでなく、洗たく中についたしわも取れにくくなります。洗い終わった服は、しわをのばして形を整えてからほしましょう。

服の表示ラベルを見てみよう！

　服についている表示ラベルには、サイズ、素材、お手入れの仕方が示されています。まずは表示ラベルを見て、どのようなお手入れをしたらよいかを調べてみましょう。

表示ラベルには情報がもりだくさん

サイズ
S
綿55%
ポリエステル45%
取扱い方法
〇〇株式会社
〇〇・〇〇〇〇・〇〇〇〇
中国製

サイズ表示
服の大きさ。小さいほうから、S、M、L、LL、3Lなどと表記されている。

取扱い表示
お手入れの仕方のマークが表示されている。洗たくの方法や、アイロンの温度などを示している。

組成表示
服に使用されている素材の種類とその割合。素材の種類は、綿、麻、ポリエステルなど多数ある。

表示者名と連絡先
この服をつくった会社名と連絡先を示している。

原産国
服が製造された国を示している。

取扱い表示の意味を知ろう！

　取扱い表示は、世界共通のため、記号と数字、アルファベットだけで表示されています。おもな表示の意味を知りましょう。

（参考：JIS L0001）

家庭での洗たくの仕方

水の温度は40℃までで、洗たく機で洗たくできる

水の温度は40℃までで、洗たく機で弱い洗たくができる

水の温度は40℃までで、洗たく機で非常に弱い洗たくができる

水の温度は40℃までで、手洗いができる

家庭での洗たく禁止

漂白の仕方

塩素系および酸素系の漂白剤を使用できる

酸素系漂白剤の使用はできるが、塩素系漂白剤は使用できない

塩素系および、酸素系漂白剤の使用禁止

タンブル乾燥の仕方

タンブル乾燥ができる

低い温度でのタンブル乾燥ができる

タンブル乾燥禁止

※乾燥機で洗たくものを回転させながら熱風で乾燥させること

自然乾燥の仕方

脱水してつりぼし

脱水して日陰でつりぼし

脱水しないでぬれたままつりぼし

脱水して平ぼし

アイロンのかけ方

底面温度150℃までで、アイロン仕上げができる

底面温度110℃までで、アイロン仕上げができる

アイロン仕上げ禁止

クリーニング

パークロロエチレンおよび石油系溶剤によるドライクリーニングができる

ドライクリーニング禁止

ウエットクリーニングができる

ウエットクリーニング禁止

服をしまうときのコツを知ろう！

服のお手入れのひとつとして、たたみ方やしまい方にも気を配る必要があります。どのようなコツがあるのか見てみましょう。

 きちんとたたもう！

洗たくものが乾いたあとは、しわにならないように、ていねいにたたみましょう。

服のたたみ方

① 背中側を上にして、図のようにおります。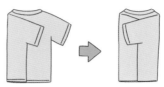

② すそをえり側にたたみます。

 防虫剤を入れよう！

服は長い間しまっておくと、服の繊維をえさにする虫に食べられてしまうことがあります。虫食いを防ぐために、防虫剤などを入れましょう。

コツ3 風通しをしよう！

ふだんはあまり着ない服も、1年に一度はほして湿気を取りましょう。また、収納場所も、ときどきとびらを開けて風を通しましょう。

コラム 「お直し」ってどんなこと？

服を長く、大切に着つづけるためのコツは、洗たくなどのふだんのお手入れだけではありません。サイズが合わなくなったり、少しやぶれてしまったりした服は、「お直し」をすればまた着られるようになるものもあります。スカートやズボンの丈を調節する「すそ上げ」や「すそ出し」、ファスナーやボタンの交換、やぶれたり、あなのあいた服も補修をすれば、長く着ることができます。

背がのびたからズボンのすそ出しをしてもらったよ。

ボタンが取れちゃったから、ちがうボタンでそろえてみたよ。

チームふみやのまとめ

▷ 「お手入れ」、「お直し」をすることで、服は長くきれいに着ることができる！

▷ 服の収納の仕方で、虫食いやしわ、いたみを防ぐことができる！

ハンガーにかける、きちんとたたむ、よごれをすぐに落とすなどの基本的なお手入れをおこなうと、服を長持ちさせるだけでなく、清潔感も保つことができますよ！

制服で気持ちのスイッチオン!?

1. 中学生になったら制服を着るかもしれないんだよね!

2. そっか……。ぼく制服ってあこがれなんだ〜! お兄さんっぽくって……。

3. わたしもアレンジしてかわいく着たいな〜!

4. でもぼくのお姉ちゃん、制服はきちんと着なくちゃいけない、っていってたよ。

5. じゃあアレンジはだめか〜。 でも制服ってどうして着なくちゃいけないのかな?

6. 制服って中学生や高校生だけじゃなくて、働いている人も着ているよね。

7. よし、制服がある理由をとことん探ってみよう!

学校に制服がある理由を考えよう!

　学校へ行く目的は何でしょうか。友だちと遊ぶことも大切ですが、一番の目的は「勉強をすること」です。そのため「勉強するぞ」という気持ちのスイッチをオンにすることが重要です。もし学校にいるとき、家で過ごすときの部屋着のようなかっこうをしていたら、なかなか勉強をするスイッチが入らず、気持ちがだらけてしまうかもしれません。制服を着ることで、オンとオフを切りかえることができるのです。

制服と集団生活の関係を知ろう！

学校は勉強をする以外に、友だちや先生とかかわる場でもあります。みんなといっしょに過ごすことで、まわりの人の気持ちを考えたり、協力し合ったり、他人と生きていく方法を学ぶことができるのです。制服は、集団で行動する学校という場で、みんなの気持ちをひとつにまとめる手助けをします。

同じ制服を着ている仲間だね！

席どうぞ。

ありがとう。

あそこの学校の子、親切なんだな！

また、みんなで同じものを着るということは、学校のイメージを背負うことにもつながります。自分の行動が学校全体のイメージにかかわるので、責任を意識することになるのです。学校の外にいるときは、責任をいっそう意識するようにしましょう。そうすると、登下校中の行動や、修学旅行、社会科見学などの校外学習での行動でも、気を配ることができるようになります。

制服を着てみました！

お店で制服を試着させてもらいました。

感想メモ

制服を着ると、すごくお姉さんになったような気分になりました。背すじをピンとのばさなきゃと思いました。

気合いが入る気がする！

感想メモ

制服を着ると、気持ちがシャキッとしました。ふだん着から制服に着かえた瞬間に、自然と「勉強するぞ」というスイッチが入った気がしました。

仕事と制服の関係を知ろう！

　制服は、生徒が学校に通うときに着るだけのものではありません。仕事のときに制服を着ることもあります。仕事における制服は、「制服を見るだけで職業がわかるようにするため」や「仕事内容に合った服装にするため」、そして「危険な作業から体を守るため」などの理由で着ています。

料理人

髪の毛が料理に落ちないように、ぼうしをかぶります。

熱から体を守るため、布が二重になった白衣を着用します。

料理人は清潔な状態で食材を扱うことが求められる職業です。そのため、よごれがすぐにわかるように白衣を着て作業をします。

警察官

全国で統一された、一目で警察官とわかる制服です。

警察官は国民の安全を守るための職業です。そのため信頼感や安心感をあたえるデザインの制服を着ています。また、動きやすさなどの機能性も考えてデザインされています。

テーマパークのキャスト（働く人）

テーマパークの中の風景に合うデザインの制服を着用します。

テーマパークは、お客さんに楽しいひとときを過ごしてもらう場所です。キャストが着ている制服はその場の雰囲気をさらにもり上げます。お客さんが現実を忘れて、楽しい時間を過ごせるように演出しています。

キャビンアテンダント

スカーフの結び方によっても、はなやかな印象、かっこいい印象などと、印象を変えることができます。

飛行機の中でお客さんのお世話をするキャビンアテンダントの制服は、おもてなしの心を大切にしたデザインと、動きやすさなどの機能性をかねそなえています。さまざまな国のお客さんに、制服を通して安全・安心などのメッセージを伝えているのです。

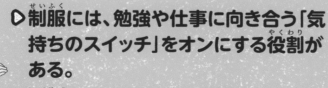

チームくみこのまとめ

▷ 制服には、勉強や仕事に向き合う「気持ちのスイッチ」をオンにする役割がある。

▷ 職業によって、求められるイメージや仕事内容に合った制服がある。

学校の制服は、冠婚葬祭のような公式な場所にもふさわしい「礼服」の役割も担っています。

チーム学習 3 服と環境を考えるすごろく!?

チームいずみ

「服の一生すごろく」は、原材料から廃棄または再生利用されるまでに、排出している二酸化炭素の量を学ぶことができるすごろくです。ゲーム感覚で、服と環境とのかかわりを学んでみましょう！ さらに、みんなができる服のエコを見つけましょう。

遊び方

マスの中にある数字は、「カーボン」といい、それぞれの段階で排出される二酸化炭素の量を示しています。サイコロをふって、止まったマス目に書いてあるカーボン数を記録しながら、コマを進めましょう。服を長持ちさせることができる「リユース」「リサイクル」「リデュース」につながるマスでは、「エコチケット」 eco⁻⁵ をもらうことができ、カーボン数が「−5」になります。

服のリユースについて調べてみることにしたけど……。 ①

何をしたらいいか、わからないね……。 ②

それなら、「服の一生すごろく」をやってみませんか？ ③

すごろく!? おもしろそう！ ④

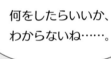

服の一生すごろく

スタート START 服の一生を考えよう！

全員ここでストップ

服を着終わったあとどうするか、まず1回サイコロをふって、進むルートを決めましょう。つづけてもう1回ふり、コマを進めましょう。

eco⁻⁵ **クリーニングに出す** 5

リデュース

日ごろからお手入れをすることで、服を長持ちさせることができます。

eco⁻⁵ **ズボンが短くなったら、すそ出しをする**

eco⁻⁵ **ボタンが取れたら、自分でつける**

eco⁻⁵ **よごれたらきれいに洗う** 5

リユース

eco⁻⁵ **フリーマーケットに出す**

eco⁻⁵ **別の人にゆずる**

eco⁻⁵ **ハンガーにかけて、きれいな状態を保つ**

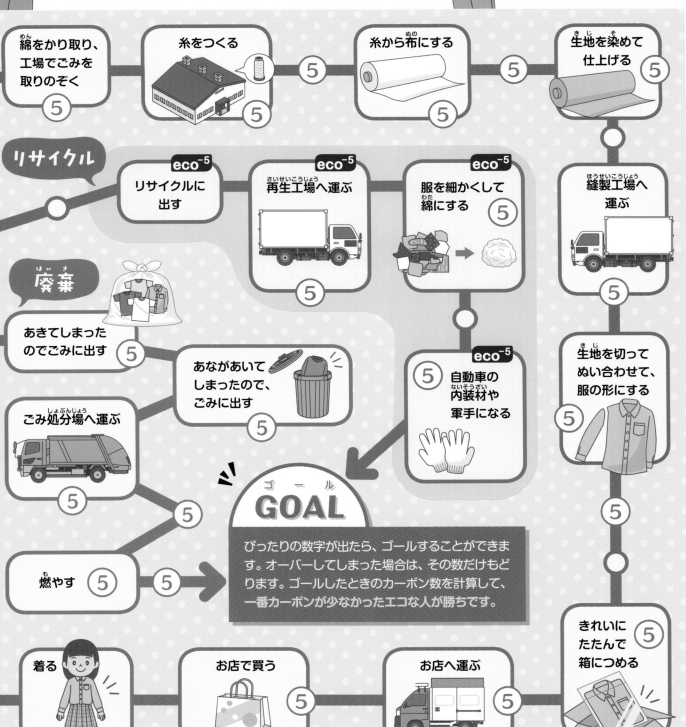

綿をかり取り、工場でごみを取りのぞく ⑤

糸をつくる ⑤ — ⑤ — **糸から布にする** ⑤ — ⑤ — **生地を染めて仕上げる** ⑤

リサイクル

eco⁻⁵ **リサイクルに出す**

eco⁻⁵ **再生工場へ運ぶ** ⑤

eco⁻⁵ **服を細かくして綿にする** ⑤

縫製工場へ運ぶ ⑤

廃棄

あきてしまったのでごみに出す ⑤

あながあいてしまったので、ごみに出す ⑤

ごみ処分場へ運ぶ ⑤

eco⁻⁵ ⑤ **自動車の内装材や軍手になる**

生地を切ってぬい合わせて、服の形にする ⑤

GOAL ゴール

ぴったりの数字が出たら、ゴールすることができます。オーバーしてしまった場合は、その数だけもどります。ゴールしたときのカーボン数を計算して、一番カーボンが少なかったエコな人が勝ちです。

燃やす ⑤ — ⑤

着る

お店で買う ⑤

お店へ運ぶ ⑤

きれいにたたんで箱につめる ⑤

コーディネートでメッセージを発信!?

| 1 | 服で自分の個性を表現できるなんて、考えてもみなかったよ〜。 |

| 2 | でも、人には別の一面だってあると思うけどなあ。 |

| 3 | わたしも、ちょっとだけど、おとなっぽい一面もあるんだけどなあ。 |

| 4 | よし! そしたら、自分のちがう一面を表現できる服の選び方を考えてみようよ! |

服の色や柄があらわす印象を知ろう!

　服で自分を表現するのに、まず色を考えてみるといいでしょう。色にはそれぞれ印象があり、色を考えて選ぶだけでも、相手にあたえる印象を変えることができます。

赤 アクティブな印象

青 冷静でクールな印象

黄 親しみやすい印象

茶 落ち着いた印象

緑 おだやかで協調性のある印象

白 明るく健康的な印象

服育分科会『ドレスコードブック　ビジネス編』より

　また服の柄についても、同じことがいえます。色と柄の組み合わせをくふうして、自分自身を表現してみましょう。

ストライプ

線が細いストライプ柄は、まじめで清潔感のある印象を、太いストライプ柄は、活発な印象をあたえます。

ボーダー

線が細いボーダー柄は、やさしくやわらかい印象を、太いボーダー柄は力強く、活発な印象をあたえます。

ドット

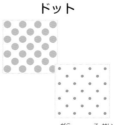

大きなドット柄は、個性的な印象を、小さいドット柄は上品でおとなっぽい印象をあたえます。

チェック

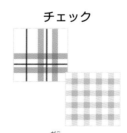

チェック柄が大きいと、カジュアルで親しみやすい印象を、細かいチェック柄は落ち着いた印象をあたえます。

花柄

花柄は、はなやかでやさしそうな印象をあたえます。

見せたい自分に合った服を選んでみよう！

まず自分をどのように見せたいか、イメージしてみましょう。そこから、イメージに合った色や柄などを組み合わせて、コーディネートを完成させます。

① おとなっぽい自分を演出したい！

② 明るくて元気な自分を見てほしい！

えりのある服を選ぶと、きちんとした印象になるよ。

服の柄は細いストライプで、まじめで清潔感のある感じをアピールするよ！

スカートの色は、青を選んで、おとなっぽい雰囲気にしてみたよ。

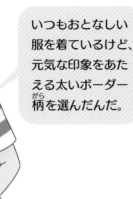

いつもおとなしい服を着ているけど、元気な印象をあたえる太いボーダー柄を選んだんだ。

ズボンはアクティブな印象をあたえる赤にしたよ。

自分に合った服、自分の着たい服を考えて服を買うことは、捨ててしまう服をへらすことにもつながります。じっさいに着てみて、見せたい自分のイメージに合っているかどうかを確認してみるとよいでしょう。

服を選んだら、買う前にかならず試着をして、サイズが合っているかを確認しよう！

チームくにひこのまとめ

▷ 目的を持ってコーディネートすることで印象を変えることができる。

▷ 自分にはいつもとはちがう一面があることを、服のコーディネートで伝えることができる。

自分のちがう一面をアピールするために、服の柄や色のあたえる印象を積極的に活用しましょう。

さあ、服育を実践しよう！

セミナーとチーム学習を終えて、服に対する意識が変わりました。
これからはどんなことをしていけばよいのでしょうか？

服と環境とのかかわりについて、今日はじめて知ったことも多いと思います。服のごみが増えている原因のひとつに、わたしたち消費者の行動が大きくかかわっていることを忘れないでください。

7

服がどのような役割を持っているか、知ってもらえてよかったです。毎日着ている服と上手につき合っていけるといいですね。

8

セミナーやチーム学習で学んだことをつづけていけば、自分の生活だけでなく、きっと未来がよい方向へ向かっていくと思います。

はーーい！

ぜひ、今日学んだことをじっさいにやってみてください！

9

いろいろなことを学べて楽しかったな〜！

そうだね！ 帰ったらさっそく上着をハンガーにかけよう！

わたしはお姉ちゃんに制服の意味を教えてあげようかな。

10

想像してたよりすっごくおもしろかった！

11

もっと服について調べてみたいな。

今日だけで終わるのはもったいないね。

12

できるところからみんなで服育をやってみようよ！

うん

うん

13

さくいん

服育ナビ！ ①スタート編

2021年1月28日　初版第1刷発行

監修　　　有吉直美（株式会社チクマ 服育net研究所）
発行者　　西村保彦
発行所　　鈴木出版株式会社
　　　　　〒101-0051　東京都千代田区神田神保町2-3-1　岩波書店アネックスビル5F
電話　　　　03-6272-8001
ファックス　03-6272-8016
振替　　　　00110-0-34090
ホームページ　http://www.suzuki-syuppan.co.jp/
印刷　　　　図書印刷株式会社

監修協力　木村照夫
写真　　株式会社チクマ（P.15）
装丁・本文デザイン　有限会社ザップ
イラスト　ヤマネアヤ、坂川由美香
編集　株式会社童夢